A caro amigo

com votos de paz.

/ /

Alírio de Cerqueira Filho

MEDITE
e viva melhor

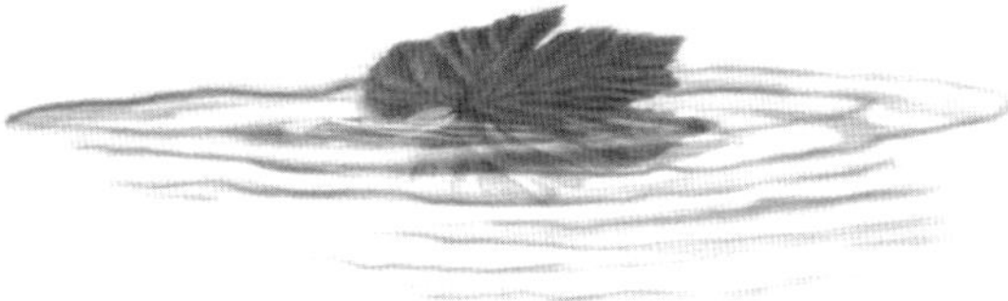

Primeiro Volume

Fundamentos de Meditação

MEDITE E VIVA MELHOR I
FUNDAMENTOS DE MEDITAÇÃO

Editor: *Miguel de Jesus Sardano*
Capa: *Thamara Fraga*
Diagramação: *Gerson Reis*
Revisão: *Rosemarie Cordioli*
2ª Edição – 2009
Impresso no Brasil
Printed in Brazil

IMPRESSÃO E ACABAMENTO
Bartira Gráfica e Editora S/A

ebm editora

Rua Silveiras, 23 – Vila Guiomar
CEP 09071-100 – Santo André – SP
Tel. 11 3186-9766
E-mail: ebm@ebmeditora.com.br
Hyperlink www.ebmeditora.com.br

Dados Internacionais de Catalogação na Publicação (CIP)
(Câmara Brasileira do Livro, SP, Brasil)

Cerqueira Filho, Alírio de
Medite e viva melhor, I : fundamentos de meditação / Alírio de Cerqueira Filho. -- São Paulo : Editora Bezerra de Menezes, 2008. -- (Coleção medite e viva melhor)

Bibliografia.

1. Meditação I. Título. II. Série

08-02737 **CDD-158.12**

Índices para catálogo sistemático:

1. Meditação : Aperfeiçoamento pessoal : Psicologia aplicada 158.12

ISBN: 978-85-87011-23-7

Alírio de Cerqueira Filho

MEDITE
e viva melhor

Primeiro Volume

Fundamentos de Meditação

ebm
editora

Iniciamos, com esta obra, uma coleção que intitulamos **MEDITE E VIVA MELHOR**. Trata-se de uma série de opúsculos, cujo objetivo é proporcionar aos leitores noções de meditação, dentro de uma perspectiva ocidental, mais próxima de nossa realidade cotidiana.

Existem inúmeras obras que ensinam a meditar dentro de uma perspectiva oriental. São obras de grande valor, mas, em nossa opinião, distantes da realidade da maioria das pessoas habituadas ao pensamento ocidental.

Enquanto os orientais autênticos, não ocidentalizados, passam a vida esvaziando a mente, nós ocidentais passamos a vida inteira enchendo a mente de imagens, sons, preocupações, etc. Por isso, enquanto que para um oriental é muito fácil meditar, para nós essa tarefa não é tão simples.

Esta coleção tem como objetivo apresentar a meditação de uma forma prática e simples, de modo que possamos utilizá-la com a nossa mentalidade ocidental.

Ao mesmo tempo em que buscaremos apresentar técnicas simples e práticas, abordaremos todo o nosso trabalho em uma perspectiva cristã, pois Jesus nos conclama, em Seu Evangelho, a meditarmos o tempo todo, conforme veremos neste primeiro volume da coleção e nos demais que se seguirão.

Cada opúsculo virá acompanhado de um CD áudio com uma ou mais técnicas de meditação.

O Autor

Cuiabá, julho de 2007.

Primeiro Volume
Fundamentos de Meditação

CAPÍTULO 1

O QUE É MEDITAÇÃO

A meditação é o mais valoroso método de autoconhecimento que existe, além de proporcionar, também, a tranqüilização da mente e o relaxamento do corpo.

A meditação é o desenvolvimento sistemático da atenção consciente. Ela tem como objetivo ampliar a capacidade de concentração e enriquecer a autopercepção, fundamental para a nossa evolução.

Para meditar, mais importante do que a técnica empregada, é a disposição de se entrar em contato com o mundo interior, abstraindo-se do exterior. Por isso, a meditação é uma atividade fundamental na busca do autoconhecimento. É através dela que aprendemos a olhar para dentro de nós.

Atualmente, vivemos em um ritmo bastante conturbado e

temos a impressão de que a meditação é uma atividade muito distante de nós. Muitos reclamam que não têm tempo. Outros que não conseguem se concentrar para realizá-la.

Na maioria das vezes, essas reclamações surgem devido ao desconhecimento sobre o funcionamento da meditação. Muitos ainda trazem o estereótipo do meditador sentado em posição de lótus durante horas a fio, meditando.

Esse tipo de meditação é comum para orientais como iogues, monges budistas e outros que aprendem desde crianças a ficarem horas a fio esvaziando a mente. Para nós ocidentais, com raras exceções, realmente esse tipo de meditação, no qual se busca esvaziar a mente, durante um período de tempo longo, é impraticável. É somente possível realizá-lo após anos de treinamento.

Vamos perceber, no entanto, que a meditação é uma atividade simples que está ao nosso alcance. Com um pouco de autodisciplina e perseverança, aprendendo a arte do discernimento, a vigilância que Jesus nos ensina, poderemos meditar a todo o momento, tornando-nos pessoas profundamente autoconscientes.

Ao mesmo tempo é fundamental, à prática da meditação, reservar alguns minutos para meditações específicas, como as que apresentaremos nos CDs áudio, que estarão consolidando a nossa capacidade de discernimento.

Sabemos que tudo é uma questão de costume. A nossa cultura não tem o hábito da meditação. Não adquirimos esse hábito como o de escovar os dentes, tomar banho e outras ações de higiene que fazemos com naturalidade, porque o desenvolvemos desde criança. Por isso, a dificuldade de se estabelecer um novo hábito na fase adulta. Porém, se nos detivermos nos benefícios físicos e emocionais proporcionados pela meditação, conseguiremos a autodisciplina e a perseverança para instalar esse novo hábito.

Com o tempo, a meditação se tornará cada vez mais fácil e passará a ser um hábito saudável, que reconheceremos ser imprescindível a uma vida melhor e mais feliz.

CAPÍTULO 2

COMO FUNCIONA A MEDITAÇÃO

Para entendermos melhor a meditação e o seu mecanismo, vamos estudar algumas questões sobre o funcionamento do cérebro, explicadas pela ciência.

O cérebro é composto por bilhões de células nervosas, os neurônios, conectadas com todo o restante do corpo. Estas células emitem impulsos elétricos que podem ser detectados por aparelhos. O aparelho que mede as ondas elétricas do cérebro é o eletroencefalógrafo.

O eletroencefalógrafo demonstra que o cérebro funciona mediante quatro categorias principais de ritmos: **Beta**, **Alfa**, **Teta** e **Delta**. Os ritmos cerebrais são medidos em ciclos por segundo.

Cada ritmo cerebral corresponde a um determinado nível mental e atividade do corpo.

O nível **Beta** é caracterizado por uma emissão de 12 a 40 ciclos por segundo. É o nível denominado de consciente exterior. Nesse nível os cinco sentidos sensoriais – visão, audição, olfato, paladar e tato – estão em plena atividade ao mesmo tempo. Uma pessoa em beta percebe tudo que acontece no seu exterior com os sentidos sensoriais. É no nível beta que temos a noção de tempo e espaço.

A cultura ocidental, a qual foi referida acima, é predominantemente beta, voltada para o exterior, para os estímulos materiais dos cinco sentidos sensoriais. Daí surge a visão hedonista ocidental, na qual o prazer que os cinco sentidos proporciona é cultivado a qualquer custo, com graves prejuízos físicos, emocionais e sobretudo, espirituais para a criatura.

Portanto, é fundamental para o equilíbrio físico, emocional e espiritual aprender a transcender esta vida puramente material, porque somos Espíritos imortais, momentaneamente, vivendo em um corpo físico.

A meditação, juntamente com a oração, são métodos excelentes que nos farão transcender uma vida puramente material, convidando-nos a irmos ao encontro do Ser Espiritual que somos. Para isso é necessário diminuir o ritmo do funcionamento cerebral. É preciso entrar em alfa.

O nível **Alfa** é caracterizado por uma emissão que vai de 07 a 12 ciclos por segundo.

A meditação e a oração essencial acontecem em alfa. Para entrarmos em alfa, basta aquietar a mente, abstraindo-se do mundo externo e contatar, então, o mundo interno.

Muitas pessoas entram em alfa várias vezes ao dia, de forma totalmente automatizada. Isso ocorre em momentos de devaneio, quando da realização de atividades mecânicas, como, por exemplo, a de dirigir, caminhar, realizar trabalhos manuais, dentre outras.

A meditação e a oração são meios de se entrar em alfa com um propósito, de forma consciente, utilizando esta capacidade de abstração que temos, do meio externo, para irmos ao encontro do mundo interno.

Quando entramos em alfa os níveis de serenidade, tranqüilidade, paz e harmonia aumentam, felicitando-nos o espírito.

O corpo também recebe os benefícios. Há uma diminuição do ritmo respiratório, da pressão arterial e de outras funções fisiológicas. O corpo aquieta-se em alfa, diferentemente da inquietude que caracteriza o ritmo beta. Esse estado gera grandes benefícios ao corpo, como a ciência tem descoberto nos últimos anos.

No nível alfa, estamos em plena consciência de nós mesmos. A única diferença, em relação à consciência do nível beta, é que, no nível alfa, a consciência é interior.

Em estado de meditação poderemos entrar em outro ritmo cerebral que é o **Teta**.

As ondas **Teta** têm um ritmo que oscila entre 04 e 07 ciclos por segundo. Quando em teta, o nível de aprofundamento em nosso Eu interior intensifica-se. Podemos, nesse nível, vivenciar momentos de profundo significado espiritual. Nessas vivências, espiritualmente significativas, o cérebro oscila entre alfa e teta.

Uma das características predominantes do nível teta é que, às vezes, a pessoa permanece subconsciente, portanto, alheia aos fatos. É freqüente, por exemplo, ao realizar um exercício de visualização, a pessoa não se lembrar do que vivenciou durante a experiência, ao retornar ao estado de vigília, ao nível beta. Quando o facilitador, seja presencialmente ou através de um CD, dá o comando para retornar ao nível beta a pessoa volta sentindo bem-estar, mas sem se lembrar daquilo que vivenciou durante todo o exercício.

Muitas vezes, a pessoa pensa ter dormido durante a vivência, porém não é isso que ocorre. Quando a pessoa dorme não volta imediatamente, quando aplicado o comando para retornar ao nível de vigília. Portanto, não há com o que se preocupar quando acontece a subconsciência, pois o mais importante, durante uma vivência de meditação, é o sentimento de bem-estar emocional e espiritual. Normalmente, aquilo que a pessoa vivenciou durante o exercício assoma posteriormente, em nível consciente, sob a forma de *insights*.

Nos níveis alfa e teta nós entramos em contato com a dimensão espiritual, onde há ausência dos limites de tempo e espaço e, então, percebemos o mundo através da intuição e da sensibilidade. O nível alfa refere-se ao consciente e o teta ao subconsciente controlado conscientemente.

Nesses estados há ausência de percepção espacial e temporal como acontece em beta. O tempo torna-se relativo, pois em alguns segundos podemos ter a impressão de que o tempo é muito maior. Concomitantemente, saímos da dimensão física e adentramos à dimensão espiritual, a qual se interpenetra com a dimensão física, transcendendo a noção que temos de espaço.

O nível **Delta** ocorre quando o cérebro funciona abaixo de 04 ciclos por segundo. É o nível do sono profundo.

CAPÍTULO 3

A CONCENTRAÇÃO PARA A MEDITAÇÃO

Muitas pessoas reclamam que meditar é uma tarefa muito difícil, por não conseguirem concentrar a mente no objetivo da meditação. Isso acontece devido à falta de hábito em aquietar a mente para o mergulho interior.

Como vimos, a nossa cultura é toda voltada para valores externos. Vivemos, constantemente, bombardeados por notícias de inúmeros fatos negativos, que acontecem no mundo inteiro, através da televisão, jornais e revistas. Além disso, os vários acontecimentos que ocorrem em nossa vida e de pessoas a nós relacionadas nos enchem de preocupações.

Tudo isso faz com que um volume de pensamentos inquietantes e perturbadores povoem nossa mente, de modo que habituar a se desligar desses pensamentos, buscar serenidade e introspecção torna-se uma tarefa difícil, mas perfeitamente possível, se desenvolvida com paciência e perseverança.

Nesse contexto, podemos assemelhar o conjunto de pensamentos inquietantes a um cavalo selvagem que precisa ser domado, a fim de conseguirmos nos libertar das inquietações e crescermos emocionalmente.

Devido a esta dificuldade de autodomínio é comum, durante a prática da meditação, o surgimento de outros pensamentos, estranhos ao objetivo da meditação, normalmente de situações cotidianas que realizamos ou que vamos realizar. Podem surgir também, nesse momento, ansiedade, comichões pelo corpo, tosse, pequenas dores, frio, calor, sonolência, dentre outros sintomas. Isso ocorre pela falta de hábito de relaxar e concentrar. Quando nos aquietamos pelo relaxamento, o corpo, acostumado à inquietude, parece reclamar, respondendo dessa forma.

Que atitudes devemos tomar quando isso acontece?

Com relação aos pensamentos intrusos ao objetivo da meditação, devemos evitar lutar contra eles ou mesmo negá-los, pois se assim o fizermos, eles ganharão mais força. Devemos apenas observá-los e voltar ao objetivo da meditação.

A esse respeito conta-se que, certa vez, um grande mestre oriental foi procurado por um de seus discípulos, que lhe confidenciou ter dificuldade em meditar, pois todas as vezes que se colocava em meditação, surgiam dezenas de pensamentos que lhe desviavam a atenção do objetivo da meditação. Eram pensamentos de todos os tipos, menos os que ele desejava.

O mestre lhe respondeu que não havia problema algum em se pensar em outras coisas, exceto em macacos. O discípulo estranhou a recomendação: "Posso pensar em tudo, menos em macacos. Isso é muito estranho". Mas, como ele sabia que seu mestre era muito sábio, foi-se, então, e começou a praticar a sua orientação.

Quinze dias depois o discípulo volta a conversar com o mestre, dizendo não ter jeito para meditar, pois durante os quinze dias, todas as vezes que ia meditar lembrava-se da orientação do mestre – não pensar em macacos, mas insistentemente, somente pensava em macacos.

Então, o mestre lhe disse.

– Aprendeu a lição?

– Que lição? Não entendi.

– Todas as vezes que nos dispusermos a lutar contra um pensamento, a proibi-lo e negá-lo, ele se tornará mais forte e insistente.

– Para nos libertar dos pensamentos inquietantes é necessário dominá-los de uma forma suave, observando o seu fluxo, permitindo que ele se expresse, voltando ao pensamento que desejamos.

– Só assim conseguiremos adequar a nossa mente aos objetivos da meditação.

O discípulo agradeceu e passou a agir conforme o mestre havia ensinado.

Essa orientação milenar, trazida pela sabedoria oriental,

é muito interessante e tem sido confirmada pela moderna ciência da programação neurolingüística que confirma a não aceitação de nosso cérebro, à tentativa de negação.

Se eu disser para você agora: "Não pense em um macaco chimpanzé". Qual será o seu pensamento? Com certeza surgirá em sua mente um macaco chimpanzé, não é verdade?

Por isso, fundamental é evitar negar à percepção de um pensamento. É necessário percebê-lo com serenidade. Se o considerarmos inconveniente, voltamos ao objetivo da meditação. Isso deve ser feito tantas vezes quantas forem necessárias.

A maioria das pessoas que tenta impedir que estes pensamentos estranhos surjam, acaba se desviando ainda mais do objetivo da meditação.

Com o passar do tempo a mudança do hábito de priorizarmos o mundo exterior, acontecerá naturalmente e, então, focaremos o mundo interior no momento da meditação. Aos poucos, vamos adquirindo maior facilidade em interiorizar até que não surjam mais pensamentos intrusos. Para isso, é preciso desenvolver a paciência e a perseverança.

Com relação às sensações físicas, também se deve evitar combatê-las, pois essa postura irá intensificá-las. Se sentirmos prurido em algum lugar, poderemos naturalmente, levar a nossa mão ao local e atender à exigência do corpo. Não há necessidade de ficar imóvel durante a meditação.

Se tivermos dor em alguma parte do corpo, poderemos colocar a mão sobre aquele local e imaginar uma luz incidindo sobre a região, dissipando a dor. Normalmente, a dor surge em pontos em que há bloqueios de energia. Se usarmos a imaginação criativa, dessa forma, o cérebro irá secretar endorfinas que são analgésicos naturais que suavizarão a dor, podendo até fazê-la desaparecer. O bloqueio energético termina por se dissolver. Esse é um dos grandes benefícios da meditação.

Sonolência e outros sintomas estarão desaparecendo, gradualmente, com a prática do relaxamento e da meditação.

A repetição dos exercícios criará um novo condicionamento mental, de modo que a mente permanecerá firme nas metas que lhe são apresentadas.

EXERCÍCIO PARA CONCENTRAÇÃO

Materiais necessários: papel, lápis.

Para aprimorar a concentração, é imprescindível a realização de exercícios que fixem a atenção em um objetivo determinado. As pessoas que têm uma mente dispersiva devem se concentrar em algo bem definido.

Um excelente exercício é desenhar objetos simples, após uma observação pormenorizada deles.

Utilize o seguinte método:

1 - Examine o objeto ou o seu desenho atentamente, buscando fixar todos os detalhes durante 01 a 02 minutos.

Após essa observação cubra o desenho, ou o objeto, e o desenhe tendo o cuidado de colocar a maior soma de detalhes possíveis.

2 - Após desenhar, compare com o original. Não importa a estética do desenho, mas sim os seus detalhes.

3 - Faça este exercício várias vezes, em dias diferentes, para treinar a sua concentração.

Colocamos a seguir alguns desenhos simples para você fazer o exercício.

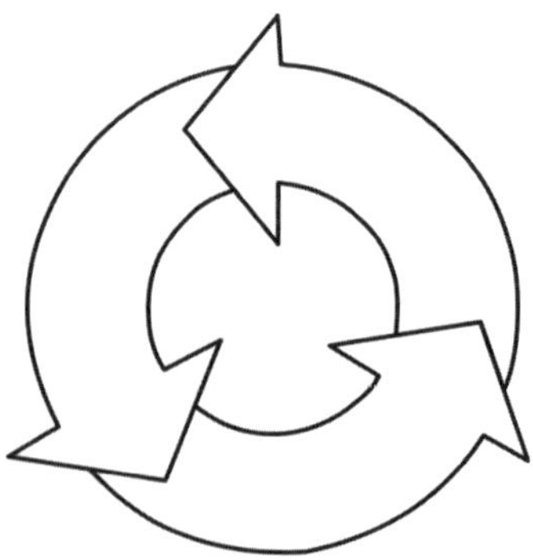

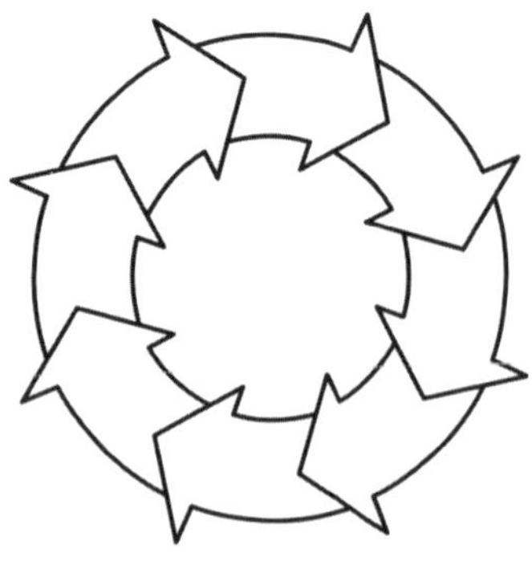

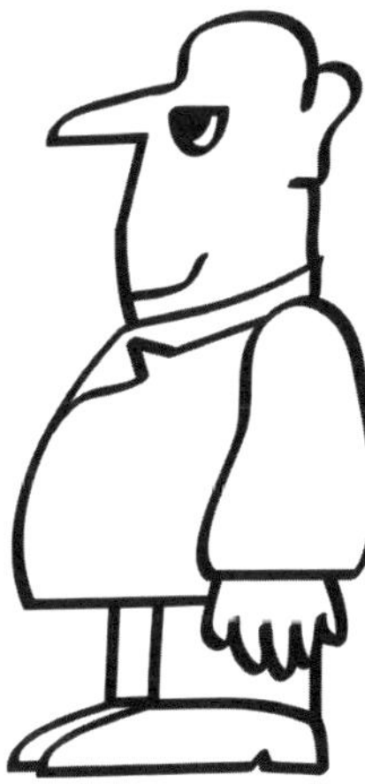

Após treinar a sua habilidade com estes desenhos, busque outros e depois faça, com objetos simples, como uma cadeira, uma caneta, etc.

CAPÍTULO 4

TIPOS DE MEDITAÇÃO

Existem vários tipos de meditação com técnicas variadas. Vamos apresentar, nesta série de opúsculos, os dois tipos mais práticos de meditação voltados para nós ocidentais – a **meditação do discernimento** e a da **visualização**, ambas associadas à **oração**.

Conforme dissemos na introdução, o nosso objetivo é ensinar técnicas que não sejam demasiadamente complexas e, por isso, mais fáceis de serem realizadas. Isto resultará em um método, através do qual, mesmo pessoas com dificuldades de se concentrar, possam meditar.

Para aqueles que desejarem técnicas mais complexas, recomendamos as dezenas de livros que existem no mercado editorial, que abordam o tema.

Neste primeiro volume da coleção, apresentaremos os

fundamentos da **meditação do discernimento**, para depois aprofundarmos os conceitos nos próximos volumes.

As técnicas de **visualização** serão apresentadas nos volumes finais da coleção.

CAPÍTULO 5

COMO REALIZAR A MEDITAÇÃO

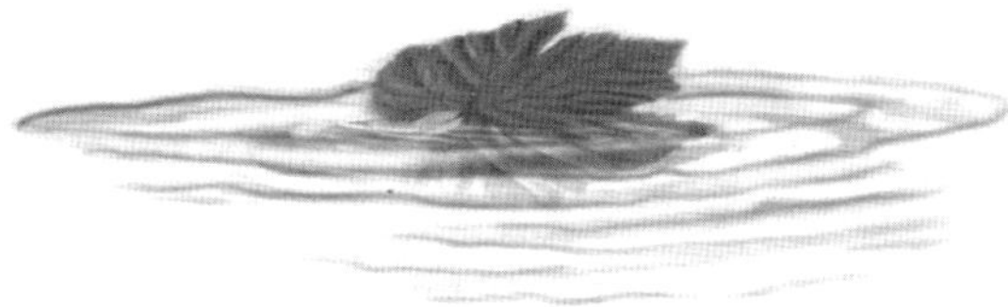

Para meditar não existem regras pré-definidas, especialmente para a meditação do discernimento, conforme veremos no próximo capítulo.

No entanto, para se criar uma disciplina de meditação faz-se necessário seguir alguns requisitos básicos:

- **Quanto ao mecanismo fisiológico da concentração -** para iniciar o processo de meditação é fundamental, para que você possa se abstrair do mundo externo e voltar a atenção para o mundo interno, concentrar-se no ato de respirar.

Esse simples ato faz com que a pressão arterial, os batimentos cardíacos, os ritmos respiratórios, dentre outras funções fisiológicas, diminuam.

Por isso, é que todo exercício de meditação começa focalizando a respiração. Isso permitirá o relaxamento do corpo e a aquietação da mente para o objetivo da meditação.

A respiração deve ser natural e espontânea. Ela é o elo entre o corpo e a mente e nós podemos mudar nosso estado físico e mental pela maneira como respiramos.

Corpo e mente acalmam-se à medida que a respiração se acalma e vice-versa. Para que a meditação ocorra é fundamental uma boa respiração, como forma de eliminar o gás carbônico retido nos pulmões.

É fundamental que o diafragma, o músculo que separa o tórax do abdome, esteja livre. Por isso, na posição sentada, a coluna deve estar ereta, bem encostada no espaldar da cadeira, para manter o diafragma livre.

Na posição deitada, devem-se evitar travesseiros altos e deitar-se de bruços ou encolhido, de modo a evitar comprimir o diafragma.

• **Quanto à duração** - veremos, posteriormente, que a meditação do discernimento pode ocorrer durante as atividades quotidianas, portanto, não há uma duração, nem um horário definido para meditar.

No entanto, podemos e devemos criar o hábito de meditar de maneira mais formal, tanto para a meditação do discernimento, quanto para as visualizações com objetivo meditativo, em especial.

Os períodos de meditação devem começar por 15 minutos, aumentando, gradativamente, até cerca de 30 a 60 minutos, dependendo da capacidade e da possibilidade de cada um.

É melhor manter um ritmo equilibrado e constante, diariamente, do que meditar uma hora em um dia e passar vários outros sem meditar.

• **Quanto ao horário** - como vimos acima, a meditação do discernimento pode ser realizada a qualquer horário. Porém, recomenda-se, para exercícios formais de meditação, tanto a do discernimento, quanto a da visualização, um horário que a pessoa esteja sem sono, para evitar que durma durante o processo.

É comum a busca pela meditação à noite, antes de dormir, contudo, a pessoa termina por adormecer, dificultando, assim, os resultados provenientes da meditação.

Nesse horário, o ideal é praticar exercícios de relaxamento e preparação para um sono saudável, conforme veremos em um próximo volume desta coleção, deixando a meditação para momentos em que estivermos descansados.

• **Quanto ao local** - como a meditação é uma prática de abstração do meio externo, qualquer local é propício à prática da meditação, seja ele calmo ou barulhento.

Contudo, até se instalar o hábito da meditação, é melhor que seja realizada em local tranqüilo, podendo ou não se utilizar uma música relaxante, de preferência do tipo clássica, de acordes suaves ou *new-age*.

À medida que a prática for sendo repetida e o hábito de se aquietar a mente estiver instalado, o ambiente exterior passa a não influenciar a meditação.

• **Quanto à postura corporal** - muitas pessoas acham que, para meditar, é necessária a posição de lótus (aquela posição sentada no chão com as pernas cruzadas, que monges budistas e iogues usam). Esta posição é indicada apenas para pessoas habituadas à meditação, por ser um tanto desconfortável para nós ocidentais, acostumados às cadeiras e poltronas de todos os tipos.

Por isso, recomenda-se que se faça a meditação em posição sentada em poltrona ou em cadeira de espaldar alto, na qual a coluna possa se manter ereta para liberar o diafragma. Os pés devem estar bem assentados no solo.

Para vivências mais longas de discernimento ou visualização recomenda-se a posição deitada.

Exercícios de meditação do discernimento podem ser realizados em qualquer posição – em pé, ao fazer exercícios físicos, como as caminhadas. Nessas atividades há um aumento de nosso diálogo interno, que normalmente desperdiçamos, pois pensamos em coisas fúteis do dia-a-dia, ao invés de usar o tempo para introspecção e autoconhecimento.

Por exemplo, quem tem o hábito de realizar caminhadas pode utilizar esse horário para meditar, especialmente se a pessoa caminha em uma praia, em um parque. As caminhadas são muito boas para se meditar na grandeza da natureza e buscar se identificar com as plantas, com os pássaros, o mar, etc. São excelentes momentos para estar em comunhão com Deus, louvando-O pela beleza da vida.

• **Quanto à atitude mental -** meditar significa buscar o autoconhecimento. Por isso, é fundamental uma atitude de autoconsciência.

É importante, antes de meditar, pensar no que se está fazendo e no porquê. Imprescindível, portanto, que a meditação seja uma escolha e não uma obrigação. Se a atitude da pessoa for a de autocobrança, exigindo-se meditar, acontecerá um autoboicote e, dificilmente, ela conseguirá meditar, pois logo desistirá do processo.

Porém, se ela estiver consciente de que a meditação é essencial para o seu autoconhecimento, para o seu desenvolvimento emocional, considerando-se os benefícios que essa prática lhe trará, encontrará prazer e satisfação no processo de meditação e se motivará a realizá-lo, por escolha consciente e não por imposição.

CAPÍTULO 6

BENEFÍCIOS DA MEDITAÇÃO

Inúmeras pesquisas têm demonstrado que um dos benefícios mais importantes da meditação é proporcionar ao corpo um relaxamento profundo, enquanto a mente se mantém alerta.

Esse relaxamento tem como efeito baixar a pressão sangüínea e diminuir o ritmo do coração, ajudando a pessoa a se recuperar do estresse.

Por isso, muitos médicos têm usado a meditação como parte do tratamento de doenças como a hipertensão arterial, o alívio de cefaléias, dores nas costas e outras dores crônicas.

A meditação, inclusive, tem sido usada em hospitais para acelerar a recuperação e diminuir o tempo de internação dos pacientes.

Problemas mentais e emocionais como a ansiedade, as

fobias, a síndrome do pânico, a depressão etc., são aliviados com a prática da meditação, permitindo-se, com essa prática, a diminuição da dose de medicamentos destinados a essas doenças.

Outro benefício trazido pela meditação é o estímulo do sistema imunológico, proporcionando uma defesa mais eficaz na eliminação de bactérias, vírus e outros microorganismos, bem como o de células cancerígenas.

Porém, o principal benefício da meditação é o autoconhecimento, que nos auxilia na busca da transcendência.

A meditação nos auxilia a ampliar os sentimentos de amor, compaixão, paz e comunhão. A meditação também aumenta a autoconfiança e a serenidade, transmutando o medo e a ansiedade.

Com a prática regular da meditação, aumentamos a nossa alegria e passamos a sentir uma sensação maior de bem-estar e de expansão da energia vital, a qual nos amplia a motivação para a vida.

CAPÍTULO 7

A MEDITAÇÃO DO DISCERNIMENTO

Estudaremos a seguir os fundamentos da meditação do discernimento.

Esse gênero de meditação nos proporciona a consciência daquilo que nos acontece, permitindo-nos a transformação da percepção estereotipada que temos da realidade.

Nossa tendência natural é a de nos habituarmos com os acontecimentos cotidianos, que fazem parte de nossa rotina diária, fato que nos leva a não perceber aquilo que é habitual.

Isso faz com que vivamos em um automatismo quase que inconsciente da realidade externa e, principalmente, da interna.

A **meditação do discernimento** consiste em focalizar a atenção, realizando uma observação amorosa de nós mesmos, de nossos pensamentos, emoções, comportamentos e sensações.

Quando focaliza a atenção de forma consciente, o meditador começa uma série de percepções sobre si mesmo, fato que permite o discernimento, a análise clara e sensata da realidade que ele está vivendo. É isso que chamamos de autoconhecimento.

Inicialmente, com a prática do discernimento, vamos percebendo o quão adormecidos nos encontramos. Esse é o mais importante objetivo da meditação do discernimento. A maioria das pessoas vive em uma consciência de "sono", como verdadeiros autômatas, pois não sabem o que acontece com elas próprias e como interagem com o mundo à sua volta.

Nesse quesito é que a meditação do discernimento contribui com um dos grandes objetivos da reencarnação, que é o de possibilitar o despertar de nossa consciência.

A busca pela percepção de nós mesmos e o ato de estarmos conscientes de nossas ações, o máximo possível ao longo do dia, nos deixará, em um primeiro momento, atônitos, devido ao tempo que costumamos gastar vivendo de forma automática, sem consciência plena de nosso ser.

Ao praticarmos o discernimento começamos a perceber os benefícios do verdadeiro estado desperto. Isso gera uma motivação maior para praticarmos a auto-observação amorosa, analisando, de maneira mais realista e otimista, o modo como vemos a nós mesmos no mundo.

Com o passar do tempo, com a prática sistemática do discernimento, obteremos revelações psicodinâmicas sobre o Ser que somos.

A partir do momento que superamos o estado de consciência de "sono", de automatismo em que vivíamos, começamos a ver, com maior clareza, os padrões de nossos pensamentos, sentimentos, motivações e comportamentos. Vão surgindo observações como, por exemplo: "Percebo, quando fixo a atenção, que vivo me recriminando quando faço algo errado, como se eu tivesse que ser perfeito e fazer tudo certo sempre. Isso faz com que eu me relacione com as pessoas sempre buscando aprovação. O tempo todo me policio para parecer bom" etc.

Nesse processo meditativo de discernimento, ampliamos nossa percepção a respeito de nós mesmos, permitindo-nos uma espécie de iluminação interior. Quando propiciamos uma observação auto-amorosa, a aceitação incondicional e uma compreensão não-julgadora de nossos padrões mentais, somos promovidos a um patamar de maior equilíbrio.

A prática do discernimento é fundamental a uma vida melhor e mais saudável. Ela deve ter sempre o objetivo de aprendizado e não o de censura.

Normalmente, quando as pessoas buscam ter uma percepção sobre sua vida é para se culparem ou imputarem culpa aos outros, lamentando-se pelos acontecimentos. Ao se perceberem como indivíduos entram em um processo de autojulgamento e autocondenação, geradores de culpa, ou partem para a fuga, justificando-se através da desculpa, projetando a culpa nos outros. Esse processo faz com que permaneçam em uma consciência de "sono", gerando limitações de suas ações.

Através da meditação do discernimento, assumimos a responsabilidade da consciência desperta para conquistarmos uma vida melhor e mais equilibrada. Nesse processo, a utilização da reflexão representa um excelente instrumento de aprimoramento e de aprendizado, através dos nossos erros passados, de modo a não repeti-los no futuro.

Portanto, a meditação do discernimento convida-nos a realizar o que Santo Agostinho nos recomenda nas questões 919 e 919-A de ***O Livro dos Espíritos***.

O discernimento será alcançado permitindo-nos um autoquestionamento amoroso, de modo a mudarmo-nos de uma maneira suave, de acordo com a recomendação de Jesus para todos nós. Para isso, é essencial que nos portemos como aprendizes da vida.

Afinal, Jesus como o Mestre maior de nossas vidas é que nos convida a realizar a meditação do discernimento quando propõe: "Vigiai e orai, para que não entreis em tentação", Mateus, 26:41. Ele coloca nesse versículo, com muita simplicidade e profundidade, a necessidade da meditação e da oração, como meios de superação das tentações que nos impedem de alcançarmos o equilíbrio espiritual.

Jesus foi o maior incentivador da meditação e da oração como terapêutica de aprimoramento espiritual. Por todo o Evangelho O vemos nos ensinando a meditar e a orar.

Jesus nos apresenta, em verdade, nesse versículo, uma tríade essencial para superarmos a tentação e atingirmos a autotransformação: **meditação**, **contemplação** e **ação transformadora** – três movimentos seqüenciais que se interpenetram, mutuamente.

Analisemos, inicialmente, o que é tentação. Existe uma deturpação a respeito do significado dessa palavra. Popularmente, ela explicita uma coisa externa que nos atrai para o mal.

Em realidade, o seu significado como proposto por Jesus, tem a ver com as nossas próprias tendências inferiores, relativas ao ego, e que levam ao uso inadequado de nosso livre-arbítrio.

As tentações externas apenas estimulam a verdadeira tentação que existe em nosso interior. Por isso, a vigilância e a oração são condições imprescindíveis para que não caiamos nas tentações de nosso próprio ego.

Jesus nos ensina que todo o processo inicia-se na vigilância, ou seja, na técnica de **meditação do discernimento**.

A vigilância é necessária para que tomemos consciência de nossas tendências inferiores. Ela é, portanto, uma observação amorosa de nós mesmos, imprescindível à conciliação com os adversários internos, tornando-os nossos amigos. Essa postura vai nos tornar autoconscientes a respeito das tendências que nos prejudicam e de como transformá-las gradativamente.

A vigilância é a própria meditação em ação, que acontece o tempo todo em nosso dia-a-dia e não apenas em momentos especiais. A meditação que Jesus propõe é a da observação constante de nossas atitudes que não acontece em horário específico, mas em todas as nossas ações. É claro que isso não exclui a possibilidade de desenvolvermos, em momentos específicos, a meditação formal, como dissemos anteriormente.

Em nossa experiência como terapeuta, a técnica de meditação proposta por Jesus – a vigilância – é a mais eficaz, pois vai direto ao ponto, uma vez que detecta a necessidade de autotransformação em relação às tentações percebidas.

Temos visto, freqüentemente, pessoas inverterem os dois verbos contidos no versículo empregado por Jesus e dizerem assim: "Orai e vigiai para não cair em tentação". Ao invertermos a ordem dos verbos, o processo fica sem sentido, pois é necessário primeiro detectar um problema, para depois solucioná-lo. A vigilância sempre vem em primeiro lugar, pois é o método para se perceber aquilo que está gerando a dificuldade causadora da tentação.

A oração tem duas facetas seqüenciais: a contemplação, e a ação transformadora.

A vigilância constitui processo de asserenamento de nossa intimidade, cujo objetivo é a desidentificação do problema e, a partir daí, a identificação da solução daquele problema específico, que foi detectado nessa fase. Somente após a efetivação da desidentificação é que poderemos entrar em comunhão com Deus, uma vez que a identificação com o problema nos conecta com o ego e gera inquietude. Nesse estado não há espaço interior para a contemplação, em nível espiritual profundo, primeira fase da oração, que consiste na busca da identificação consigo, em essência, a fim de haurir as forças divinas.

Somente após detectarmos uma causa específica de tentação e nos desidentificarmos com ela, com o coração asserenado, é que entraremos em oração e obteremos as forças necessárias para superá-la.

Em um primeiro momento, utilizaremos a contemplação, que é o movimento de entrar em comunhão conosco mesmos, em essência, para comungar com Deus. Deus é Fonte de Amor e Poder do Universo. Nós sozinhos nada podemos, uma vez que as nossas possibilidades de superação são praticamente nulas, mas em comunhão com Deus, absorvendo o Seu Amor e o Seu Poder, através da contemplação na oração, teremos condições de superar toda e qualquer dificuldade que nos prejudique a evolução espiritual.

Infelizmente, o poder da oração tem sido muito deturpado. Vamos estudar, agora, o que é oração, dentro da visão que Jesus nos ensinou: um verdadeiro instrumento de transformação interior.

Jesus, por várias vezes se referiu à oração, não somente no versículo por nós citado anteriormente. Estudemos, a seguir, várias passagens do Evangelho, em que Ele se refere à oração.

Mateus, Capítulo 06, vv. 05 a 08:

"E, quando orares, não sejas como os hipócritas, pois se comprazem em orar em pé nas sinagogas e às esquinas das ruas, para serem vistos pelos homens. Em verdade vos digo que já receberam o seu galardão".

"Mas tu, quando orares, entra no teu aposento e, fechando a tua porta, ora a teu Pai, que vê o que está oculto; e teu Pai, que vê o que está oculto, te recompensará".
"E, orando, não useis de vãs repetições, como os gentios, que pensam que, por muito falarem, serão ouvidos".
"Não vos assemelheis, pois, a eles, porque vosso Pai sabe o que vos é necessário antes de vós lho pedirdes".

Lucas, Capítulo 18, vv. 10 a 13:

"Dois homens subiram ao templo, a orar: um, fariseu, e o outro, publicano".
"O fariseu, estando em pé, orava consigo desta maneira: Ó Deus, graças te dou, porque não sou como os demais homens, roubadores, injustos e adúlteros; nem ainda como este publicano".
"Jejuo duas vezes na semana e dou os dízimos de tudo quanto possuo".
"O publicano, porém, estando em pé, de longe, nem ainda queria levantar os olhos ao céu, mas batia no peito, dizendo: Ó Deus tem misericórdia de mim pecador"!
"Digo-vos que este desceu justificado para sua casa, e não aquele; porque qualquer que a si mesmo se exalta será humilhado, e qualquer que a si mesmo se humilha será exaltado".

Nessas passagens do Evangelho percebe-se, nitidamente, dois tipos diferentes de oração, que denominamos de oração egóica e oração essencial.

A oração é uma prática muito difundida pelas religiões, de um modo geral. Todas as pessoas têm acesso a ela, mas, analisando a questão dentro de um aspecto psicológico transpessoal, são poucos aqueles que sabem orar bem.

Analisemos a oração dentro da visão da psicologia profunda, de caráter transpessoal. Orar significa: entrar em comunhão com Deus para absorver as energias refazedoras e transmutar os sentimentos em desequilíbrio. Somente conseguiremos a comunhão com o Criador, após termos entrado em comunhão com a nossa própria essência.

Estudemos os aspectos simbólicos das seguintes palavras de Jesus: "Mas tu, quando orares, entra no teu aposento e, fechando a tua porta, ora a teu Pai, que vê o que está oculto; e teu Pai, que vê o que está oculto, te recompensará". **Aposento** significa a própria essência da criatura. Entre no **aposento** e **feche a porta**, isto é, entre em comunhão com a sua própria essência e **ore a seu Pai, que vê o que está oculto**, isto é, vê a sua intenção na prece, vê a sua comunhão sincera, a sua fé. E Ele lhe **recompensará**, lhe repletará de energias amorosas que estarão alimentando a sua Essência de amor.

Estudemos, agora, as características da oração egóica, que provém, tanto das negatividades do ego, quanto de suas máscaras. Jesus separa muito bem a oração egóica, a qual classifica como fruto da hipocrisia, como a do fariseu, da oração sincera, a proferida pelo publicano, que, em sua época, era designada como pessoa de vida dissoluta.

As pessoas que oram como os fariseus são aquelas que acreditam que, tomando uma atitude exterior, freqüentando os seus cultos, missas, reuniões públicas em Centros Espíritas etc., e fazendo as suas orações apenas com os lábios, estão quites com a obrigação de adorar a Deus. As preces, nesses casos, são vazias de significado, pois não há comunhão alguma entre a pessoa que ora e o Criador, trata-se de orações egóicas, mascaradas.

Outra questão que Jesus observa, como inadequada, na oração está expressa nessas frases: "E, orando, não useis de vãs repetições, como os gentios, que pensam que, por muito falarem, serão ouvidos. Não vos assemelheis, pois, a eles, porque vosso Pai sabe o que vos é necessário antes de vós lho pedirdes". Pessoas que têm esse hábito usam de orar muito. Passam largo tempo solicitando, rogando, implorando a ajuda Divina na resolução de seus problemas. Tomam tal atitude, muitas vezes por acreditarem, literalmente, nas palavras do Cristo, registradas por Mateus no Capítulo 21, v. 22: "E tudo o que pedirdes na oração, crendo, o recebereis". Tais pessoas acreditam, então, de forma simplória, que seja preciso pedir muito, uma vez que são muitas as necessidades a serem atendidas. Através de uma crença cega, julgam que basta pedir qualquer coisa – até coisas materiais – que Deus, solícito, irá atender. Em sua maioria, são pessoas movidas pelo desespero, ansiosas pela solução de seus problemas, sejam eles de ordem financeira, emocional, afetiva, física, enfim, as diversas dificuldades tão comuns a todos nós.

Este tipo de oração é fruto do estado de fanatismo, por deixar implícita a crença em um Deus interventor que resolve todas as nossas mazelas, subtraindo de nós, atribulações necessárias ao nosso crescimento espiritual. A oração realizada assim, por estar balizada no ego, além de não gerar um estado de harmonia e equilíbrio, pode produzir, em muitos, a descrença em Deus, em si mesmos e na vida, pois, por mais que orem, não conseguem aquilo que pedem, porque, como disse Jesus: "Deus sabe o que nos é necessário antes de nós lho pedirmos".

As pessoas que assim agem, esquecem-se da primeira recomendação de Jesus: a vigilância. Não buscam meditar no motivo destas dificuldades que, muitas vezes, são produto de suas próprias escolhas e que precisam ser modificadas. Outras vezes, significam meios de reflexão sobre o sentido da vida e que muito contribuem para o seu próprio aprimoramento espiritual.

Portanto, quando Jesus diz frases como esta anotada por Mateus, no Capítulo 21, v.22 e as demais que se seguem, está se referindo às questões puramente espirituais, isto é, o auxílio de Deus e dos benfeitores espirituais, para resistirmos às tentações existentes em nosso próprio ego, e não para nos prover de coisas que vão nos prejudicar a evolução espiritual.

Jesus quando ora ao Pai, afirma isso. Vejamos em João, Capítulo 17, v.15: "Não peço que os tires do mundo, mas que os livre do mal". Ele nos conclama, constantemente, a uma postura proativa – façamos a nossa parte na questão de nosso aprimoramento moral e espiritual e Deus, que sabe o que nos é necessário, fará a Sua, especialmente nos repletando de energias amorosas, a fim de conseguirmos crescer até Ele.

Estudemos mais alguns versículos para nos aprofundar no caráter transformador da oração.

Mateus, Capítulo 07, vv. 07 a 12:

"Pedi, e dar-se-vos-á; buscai, e encontrareis; batei, e abrir-se-vos-á".
"Porque, aquele que pede, recebe; e, o que busca, encontra; e, ao que bate, se abre".
"E qual dentre vós é o homem que, pedindo-lhe pão o seu filho, lhe dará uma pedra? E, pedindo-lhe peixe, lhe dará uma serpente"?
"Se, vós, pois, sendo maus, sabeis dar boas coisas aos vossos filhos, quanto mais vosso Pai, que está nos céus, dará bens aos que lhe pedirem"?

João, Capítulo 14, vv. 13 e 14:

"E tudo quanto pedirdes em meu nome eu o farei, para que o Pai seja glorificado no Filho".
"Se pedirdes alguma coisa em meu nome, eu o farei".

João, Capítulo 16, vv. 23 e 24:

"E naquele dia nada me perguntareis. Na verdade, na verdade vos digo que tudo que pedirdes ao meu Pai, em meu nome, Ele vo-lo há de dar".

"Até agora nada pedistes em meu nome; pedi, e recebereis, para que o vosso gozo se cumpra".

Novamente, ao interpretarmos os versículos, de modo literal, entenderemos que tudo que pedirmos, virá facilmente, se for feito em nome de Jesus. Se assim o fizermos, estaremos utilizando a oração egóica, já analisada. É importante observar o espírito que está nas entrelinhas da letra para aprofundarmos o seu significado e podermos usar a oração para o nosso bem.

Para orar bem é necessário cultivar as questões essenciais da vida, utilizando a ***oração essencial***. E isso é feito pela meditação do discernimento (vigilância), através da qual adquirimos o bom senso para saber o que é melhor para nós, o que traz equilíbrio e harmonia.

A partir do momento em que, pela meditação, nos autoconhecemos, percebemos os sentimentos egóicos a serem transmutados. Torna-se, então, fundamental a desidentificação do ego e a identificação conosco em essência, pois, uma vez identificados com o Ser Essencial que somos, estaremos identificados com o Divino em nós, com o amor que somos.

Ao adotarmos essa postura, estaremos propensos à absorção das energias que emanam de Deus. Essas energias, acolhidas pela nossa Essência divina, fortalece-nos, dotando-nos de capacidade de transmutação dos sentimentos egóicos.

Esta é a oração que leva o Ser Humano a amadurecer e a assumir o compromisso da busca do auto-encontro, da saúde espiritual, da auto-iluminação, e Deus, como Provedor das Energias de Amor nos abastece e nos fortalece, sem intervir em questões que são importantes para o nosso desenvolvimento espiritual.

Quando adquirimos esta postura, tornamo-nos conscientes e responsáveis por nossas ações e escolhas, caminhando dessa forma, a passos largos, para a própria iluminação. Como filhos de Deus, estamos, constantemente, sendo estimulados por Ele para este auto-encontro, o encontro do Divino em nós mesmos, no qual meditação e oração andam juntas, abrindo e consolidando o potencial de saúde espiritual em nossas vidas.

Para uma vida equilibrada, a reflexão constante é fundamental, de modo a discernirmos o que é melhor para nós, a cada momento. Quando refletimos, percebemos o que precisa ser modificado em nós. E a oração entra, neste momento, como um instrumental de aquisição de forças, necessárias à realização desta mudança, que sabemos muito difícil de ser alcançada.

A oração estará, portanto, estimulando a nossa vontade de evoluir e crescer. Trata-se de sua face **ação transformadora**, pois não basta, apenas, a contemplação, mas a realização da ação na direção do bem. Jesus expressa, claramente, esse pensamento ao dizer: "Batei e abrir-se-vos-á". Portanto, é fundamental estimular a ação da vontade, uma vez que se deseja a libertação das tentações.

A vontade é a consciência perfeita em relação ao momento, é a consciência perfeita da criatura em relação a ela mesma, em essência. Quando a pessoa está impulsionada para o bem, para o belo e para o amor, mesmo por um átimo de segundo, ainda que seja uma vontade efêmera, um fogo fátuo, ela terá, nesse momento, a consciência de suas possibilidades e aí, através de exercício em exercício, ela sentirá, cada vez mais, a sua destinação: o bem, o bom, o belo, a felicidade.

A face **ação** da oração estimula a vigilância, fechando este círculo virtuoso. Percebemos, então, que a **meditação do discernimento (vigilância)**, a **contemplação** e a **ação transformadora** formam um único processo, com três movimentos, extremamente transformadores, constituindo uma ferramenta indispensável à realização da evolução espiritual.

Para compreendermos melhor este processo, na prática, tomemos, hipoteticamente, como exemplo, as dificuldades de Afonso. Afonso trabalha como delegado de polícia e, segundo ele, seu ambiente de trabalho é extremamente hostil. Afonso acorda, toda manhã, muito tenso, pois como ele mesmo diz: "terá que ir para o trabalho enfrentar todas as dificuldades do dia". Afonso chega ao trabalho, invariavelmente, mal-humorado e estressado.

Afonso está em conflito, pois busca, sinceramente, desenvolver a auto-espiritualização, visando ao aperfeiçoamento interior, porém acredita que somente fora do trabalho, à noite e nos finais de semana, é que vai conseguir realizar ações em direção à espiritualização. Durante o dia Afonso nada pode fazer, pois o recinto de trabalho, muito hostil, não lhe permite coadunar com um ambiente íntimo para exercícios espirituais.

Afonso, então, foi orientado por seu terapeuta a utilizar a técnica da meditação do discernimento, recomendada por Jesus – a vigilância e a oração. Afonso aprendeu que, ele próprio, estava ampliando as dificuldades ambientais, ao se dirigir ao trabalho como se fosse para um campo de batalha, "enfrentar" os problemas do dia.

O terapeuta lhe ensinou a técnica do autoquestionamento, fundamental à meditação do discernimento, que consiste no modo de se situar diante das dificuldades no trabalho.

Afonso passou a se questionar todos os dias, pela manhã: "O que eu penso sobre as minhas atividades no trabalho? Como me sinto? Que atitudes tenho tomado? O que quero para mim no trabalho? Quero permanecer lá como se estivesse numa guerra, inclusive com um grande conflito dentro de mim, ou quero estar em paz, apesar das circunstâncias externas?". Afonso percebeu que ia ao trabalho armado, intimamente conturbado. Antes de sair de casa, fazia orações automáticas, sem senti-las em si mesmo.

A vigilância demonstrou que ele precisava se preparar melhor, antes de ir para o trabalho. Refletiu que, se o ambiente externo é hostil, ele pode criar um ambiente interno mais equilibrado e irradiar isso em torno de si mesmo.

Aprendeu que é importante, para manter o equilíbrio, a vigilância constante para se perceber o surgimento do conflito interior. Ao percebê-lo novamente se questionar: "O que quero para mim no trabalho? Quero viver em conflito ou quero manter a minha paz, apesar das circunstâncias? Como está o meu ambiente íntimo? Estou percebendo sentimentos de angústia, inquietude, ansiedade. Quero continuar assim ou quero mudar esses sentimentos"?

O terapeuta explicou, através de uma metáfora, para melhor entendimento, que ele imaginasse o seu ambiente de trabalho totalmente envolvido por uma fumaça densa. Do que ele precisaria para entrar nesse ambiente, sem se sufocar com a fumaça? De um equipamento correto, como os trajes de bombeiros, que o isolasse da fumaça e lhe permitisse respirar ar puro, mesmo no ambiente esfumaçado. Afonso ia todo dia para o trabalho completamente desprotegido e com o ambiente íntimo também "esfumaçado", viciado pelo mesmo teor do ambiente externo, fato que facilitava a sua contaminação.

Afonso, por sua vez, foi orientado a usar a vigilância para trabalhar os pensamentos, sentimentos e comportamentos e criar uma psicosfera (traje apropriado) de luz, dentro e em torno de si mesmo, através da face **contemplação da oração**. Aprendeu que fazer orações por obrigação, de forma automática, não lhe ajuda em coisa alguma. O fundamental é utilizar a oração essencial para entrar em comunhão consigo mesmo em essência e com Deus, com o objetivo de obter as forças necessárias para a superação das dificuldades íntimas.

Ao orar dessa forma, Afonso passou a cultivar equilíbrio mais significativo e gerar, em torno de si, uma atmosfera energética salutar que lhe ajuda no ambiente hostil em que trabalha e em todas as atividades que desempenha.

Após a face de **contemplação**, Afonso deve continuar em oração, em sua face de **ação transformadora**, buscando agir com equilíbrio, desarmando-se, energeticamente, em relação aos outros, utilizando a prudência com o fim de se resguardar do ambiente hostil; permanecer em vigilância constante para corrigir os desequilíbrios que ocorrem durante as atividades comuns do dia-a-dia.

Afonso passou a agir assim e hoje, apesar de continuar na mesma rotina de trabalho, sente-se muito melhor e o seu rendimento melhorou consideravelmente. Ele já não sente o ambiente tão hostil quanto antes, pois ele próprio buscou superar a hostilidade que havia em si mesmo, através da vigilância e da oração.

Por isso, a prece é muito importante, quando associada à meditação, pois nos fortalece no processo de mudança. Devemos utilizá-las sempre em conjunto, como Jesus nos ensinou, visando ao nosso aprimoramento interior.

A seguir oferecemos uma vivência de meditação, cujo objetivo é conduzir à meditação do discernimento, sempre buscando a auto-observação amorosa de nós mesmos com base no autoquestionamento. Como dissemos, trata-se de uma vivência para ser utilizada em um momento específico de meditação e deve ser associada à vigilância constante no dia-a-dia.

CAPÍTULO 8

VIVÊNCIA:
OBSERVAÇÃO AMOROSA DE SI MESMO PARA AUTOTRANSFORMAÇÃO

Faça um relaxamento.

Agora, busque em sua mente um sentimento negativo que você deseje transmutar, algo que você tem percebido em suas ações de vigilância interior e deseje transformar em uma virtude essencial.

Mentalize agora, uma situação vivida por você em que esse sentimento tenha se manifestado de forma bem intensa. Recorde-se de todo o fato novamente. Traga o acontecimento de forma bem vívida em sua mente. Busque recordar todo o acontecimento como se ele estivesse ocorrendo nesse exato momento. Perceba os seus sentimentos e emoções ao revivê-lo. Simplesmente vivencie esse acontecimento no qual se manifesta esse sentimento sem fazer julgamentos sobre ele, observando-se amorosamente. Perceba que somente pela observação amorosa é que você pode superar os seus erros, aprendendo com eles para depois repará-los.

Continue a observar, atentamente, esse fato de forma amorosa, evitando o autojulgamento e a autocondenação. Agora pergunte a si mesmo: "Por que acontecimentos como esse, no qual se manifesta esse sentimento, ocorrem comigo? O que me leva a agir assim"?

Agora, observe o nível de sua vontade em transmutar esse sentimento. Pergunte-se: "Que ações eu realmente desejo realizar com esse sentimento? Quero realmente mudá-lo ou me comprazo com ele? Sei que posso continuar assim ou mudar. O que realmente eu quero?"

Agora, busque observar o acontecimento e veja o que você pode aprender com ele. Pergunte-se: "Que lições e aprendizados eu posso tirar dessa situação?" Lembre-se, sempre, de que você é um aprendiz da vida e que está aqui para aprender tanto com os seus acertos, quanto com os seus erros. Foque sempre a observação amorosa do acontecimento com a sua experiência de aprendizado.

Agora, reflita sobre as ações que você pode realizar para modificar o resultado de acontecimentos como esse. Pergunte-se: "Como posso aumentar o meu nível de domínio de fatos como esse? Como posso agir para me libertar?" Use o aprendizado que você tem tido sobre esse acontecimento para refletir sobre as diversas ações que pode realizar para desenvolver o autodomínio e, gradativamente, transmutar esse sentimento.

Agora, imagine um fato semelhante a esse ocorrendo no futuro. Imagine-o de forma que o resultado obtido por você seja muito mais equilibrado. Veja-se agora atuando com as qualidades desejadas para transmutar esse sentimento e tornar a sua vida melhor. Imagine-se cansado das conseqüências advindas desse sentimento negativo que você está trabalhando, e que agora você quer realmente mudar e possui uma vontade forte e persistente. Reflita! Você tem as qualidades necessárias para mudar a sua vida, tendo uma atitude proativa. Veja-se prosseguindo firme e decidido, realizando esforços continuados, pacientes e perseverantes, resistindo a qualquer tentativa de desistir de melhorar. Veja-se, sinta-se alcançando com êxito os objetivos de se tornar uma pessoa melhor e mais saudável.

Agora, imagine sentimentos de coragem, autoconfiança, desejo de mudança, aceitação e amor incondicional fluindo dentro de você. Recorde-se de momentos felizes que teve em sua vida, momentos em que você se sentiu confiante, otimista em relação ao futuro. Busque fixar essas lembranças, sentindo-as em si mesmo. Perceba os sentimentos positivos intensificando-se em seu ser.

Perceba que você é importante no Universo e quando realiza uma mudança para melhor, auxilia todo o Universo a evoluir. Sinta que essa ação de mudança amorosa, que você está realizando, é cheia de vida e beleza e que torna o nosso planeta Terra, um lugar melhor para todos. Sinta o quanto você é importante para a harmonia do nosso planeta. Valorize-se! Respeite-se! Confie em si mesmo! Ame-se! Ame-se! Ame-se!

Perceba agora, que a intensificação deste movimento de amor a si mesmo, de comunhão consigo mesmo em essência, produz uma comunhão plena com Deus. Aproveite esse momento para entrar em oração, agradecendo, louvando e rogando a Deus auxílio para transmutar esse sentimento que você está trabalhando.

Agora, trazendo com você esse estado de profunda harmonia, vá retornando ao seu estado de vigília, buscando fixar em sua mente e em seu coração essas reflexões para mudança de sentimento.

. . . .

Recomenda-se realizar essa vivência pelo menos três vezes por semana, em horário em que você esteja descansado para evitar o sono. Após a prática da vivência, um exercício interessante é escrever o conteúdo que veio à sua mente durante a realização dos autoquestionamentos.

Você pode escrever um diário de meditação, anotando tanto o conteúdo das vivências, quanto as observações que você faz no dia-a-dia, resultado da meditação do discernimento, realizada em suas atividades cotidianas.

Essas anotações vão lhe permitir um maior discernimento e avaliação de seu progresso no decorrer do tempo.

Lembre-se, sempre, que o êxito em qualquer empreendimento é resultado do esforço continuado, paciente e perseverante, o qual lhe possibilitará a motivação necessária para permanecer fiel às mudanças que você deseja para a sua vida.

CERQUEIRA, A. F. ***Saúde Espiritual***. Santo André: EBM, 2006.

DRUOT, Patrick. ***Nós Somos Todos Imortais***. Rio de Janeiro: Nova Era, 1995.

FILHO, Clóvis C. S. ***Introdução à Psicologia Tibetana***. Petrópolis: Vozes, 1982.

FRANÇA, Nubia Maciel, RAHM, Haroldo J. ***Relaxe e Viva Feliz***. São Paulo: Loyola, 1993.

GOLEMAN, Daniel. ***A arte da meditação***. Rio de Janeiro: Sextante, 1999.

KARDEC, A. ***O Livro dos Espíritos***. 83ª ed. Rio de Janeiro: FEB, 1944.

LERMEN, Eneida. ***Se você quer, você pode!*** São Paulo: Cultrix,1994.